August von Kotzebue

Der Freimaurer

◆salierverlag

Königliches  Hof-Theater.

Hannover, Dienstag, den 23. März 1858.

Sechszehnte Vorstellung im achten Abonnement.

Neu einstudirt:

Der Freimaurer.

Lustspiel in 1 Aufzuge von Kotzebue.

Personen:

Der Graf von Hecht	Herr v. Lehmann.
Caroline, seine Nichte	Frl. Ulrich.
Der Baron	Herr Marks.
Hans, des Grafen Diener	Herr Berend.

Zum Erstenmale:

Frauenpolitik.

Lustspiel in 1 Aufzuge von Caroline Berton, deutsch von C. Schlivian.

Personen:

d'Etanges	Herr Marks.
Madame d'Etanges	Frl. Bärndorf.
Madame Renaud	Frl. Ulrich.
Jean, Diener	Herr Thöne.

Die Mißverständnisse.

Lustspiel in 1 Aufzuge von Steigentesch.

Personen:

Baron Werdenbach	Herr Düfke.
Louise, seine Tochter	Frl. Schelz.
Clara von Werdenbach, seine Verwandte	Fr. Gned.
Wiese	Herr Marks.
Salt	

Salt — Herr Schneider, als Gast.

Gewöhnliche Preise.

Lithographirte Pläne des Zuschauerraums sind an der Casse das Stück für 2 Sgr. zu haben.

Cassenöffnung halb 7 Uhr.

Anfang 7 — Ende gegen halb 10 Uhr.

Beurlaubt: Frl. Seebach. Contractlich beurlaubt: Herr Carl Devrient.
Unpäßlich: Fr. Caggiati. Herr Kebler.

August von Kotzebue

Der Freimaurer

Lustspiel in einem Akt

wiederentdeckt, bearbeitet
und mit Erläuterungen versehen
von Thomas Parr

Salier Verlag

ISBN 978-3-96285-070-8

1. Auflage 2024

Titelbild:
Gestaltung und Herstellung:
SalierGroup GmbH, Eichberg 21, 98673 Eisfeld
Printed in Germany

www.salierverlag.de

Inhalt

Ein kurzes Vorwort

Das letzte Theaterstück aus der Feder August von Kotzebues ist das Lustspiel „Der Freimaurer". Der Einakter kam im Jahr 1818 auf die Bühnen in Deutschland, Österreich und Estland. Sein Erfolg wurde überschattet vom tragischen Tod des Theaterdichters im Jahr 1819.

Ein langes Vorwort

„Selbst schuld!"

Was für ein verächtliches Urteil über jemanden, der brutal ermordet worden ist. Es ist – zusammengefasst – die Reaktion des großen Johann Wolfgang von Goethe auf die Ermordung des Diplomaten und Theaterdichters August von Kotzebue.

„Fehler der Individualität, als solcher, gebe die moralische Weltordnung jedem zu und nach; darüber möge jeder selbst mit sich fertig werden, und bestrafe sich auch selbst dafür; aber wo man über die Grenze der Individualität hinausgreife, frevelnd, störend, unwahr, da verhänge die Nemesis früh oder spät angemeßne äußere Strafe. So sei in Kotzebues Tod eine gewisse notwendige Folge einer höhern Weltordnung unverkennbar", notierte Goethes Vertrauter Friedrich von Müller am 28. März 1819[1], nachdem sich der Titan zum gewaltsamen Ableben seines alten Widersachers geäußert hatte.

Fünf Tage zuvor war der Jurist, Diplomat und Theaterdichter Kotzebue in seiner Mannheimer Wohnung am 23. März 1819 erstochen worden. Ein politischer Mord. Kotzebue war 58 Jahre alt.

Als der 26 Jahre alte Hesse Johann Wolfgang Goethe 1775 schließlich geneigt gewesen war, nach Einladungen,

---

1 Zitiert nach *Goethes Gespräche Bd. 3/I, Biedermannsche Ausgabe*, München 1998, S. 108

Wünschen und Versprechungen des Herzogshauses Sachsen-Weimar-Eisenach in die Residenzstadt Weimar zu kommen, war der gebürtige Weimarer Kotzebue 14 Jahre alt. Seine Familie kam aus dem Braunschweigischen.

Der damals schon theaterbegeisterte Jugendliche traf 1776 voller Vertrauen auf den gewissermaßen heranwachsenden Titanen. Der schon ziemlich berühmte Goethe inszenierte seinerzeit sein weniger berühmt gewordenes Stück „Die Geschwister. Ein Schauspiel in einem Akt", und Kotzebue durfte in dem Vierpersonen-Stück in Prosa die Rolle des Briefträgers übernehmen.

Das war der Beginn der lebenslangen Feindschaft zwischen Goethe und Kotzebue, und für Kotzebue war es der Beginn einer glänzenden Karriere als Theaterdichter.

Bis zu seinem Tod schrieb Kotzebue mehr als 200 Theaterstücke, dazu autobiografische und geschichtliche Abhandlungen. Gemeinsam mit dem gebürtigen Hannoveraner August Wilhelm Iffland (1759–1814) verhalf er Goethe zu einem erfolgreichen Theaterbetrieb in Weimar und Bad Lauchstädt, das Gespann Kotzebue/Iffland würde heute als Kassenmagnet gelten. Der eine, Kotzebue, als Theaterdichter, der Ohren für den Zeitgeist hatte und wusste, was das „Volk" sehen wollte; der andere, Iffland, der auch Theaterstücke schrieb, aber mehr als hinreißender Schauspieler Berühmtheit erlangte.

Goethe und Schiller konnten noch so sehr auf Qualität und Bildung setzen – in Weimar wollte das Publikum unbedingt Kotzebue, wollte unbedingt Iffland. Was will man da machen? Nachgeben.

Das Theaterspiel war Goethe zu Beginn des 19. Jahrhunderts gleichgültig geworden, 1817 hatte er dem Weimarer Hoftheater verbittert den Rücken gekehrt. Den Grund dafür hatte ihm die Schauspielerin Karoline Jagemann geliefert. Sie war zugleich die Mätresse Herzogs Carl August und begann bereits um das Jahr 1808 herum ein schließlich erfolgreiches Intrigenspiel gegen Goethe.[2] Sie rebellierte gegen des Titanen Autorität, sein herrisches Auftreten. Das hatte auch Kotzebue erleben dürfen.

Sein 1802 in Wien uraufgeführtes Stück „Die deutschen Kleinstädter", ein Lustspiel in vier Akten, gilt den Literaturwissenschaftlern noch heute als gelungene Satire. Im Übrigen Kotzebues einziges Werk, das der modernen Literaturwissenschaft eine Erwähnung wert ist.

Goethe empfand die „Kleinstädter" als Zumutung und veränderte und redigierte das Stück für eine Aufführung unter seiner Regie. Damit war Kotzebue keinesfalls einverstanden; er widersprach den Goetheschen Absichten. Der Bruch war öffentlich.

1803 konnte man in Weimar die Kleinstädter dann doch auf der Bühne sehen – nach Goethes Gusto.[3]

Im Jahr 1803 hielt sich Kotzebue in Berlin auf und war auf dem Sprung nach Paris. Wie es scheint, in eigenen Angelegenheiten. Er war gleichzeitig im diplomatischen Dienst unterwegs; in administrativen Diensten für

---

2 Vgl. Rüdiger Safranski, *Goethe. Kunstwerk des Lebens*, München 2013, S. 504 ff.

3 Vgl. *Weimarer Sonntags-Blatt. Zeitschrift für Unterhaltung aus Literatur und Kunst*, Weimar 1857, S. 111 f.

Estland, er war Theaterdirektor in Reval (Tallin), Wien und St. Petersburg und international gefeierter Theaterdichter – ein konstant rastloser Mensch, ein auf sich bezogener, eitler Mensch und natürlich mit Sinn für die Karriere.[4]

Irgendwann vor dem Jahr 1782 ist August von Kotzebue Freimaurer geworden. Genauer ist es nach aktuellem Forschungsstand nicht zu datieren. Bei dieser Rastlosigkeit des Mannes ist nicht bekannt, wo er initiiert worden ist. Forscher glauben zu wissen, dass es in St. Petersburg gewesen sein könnte. Dokumente belegen, dass Kotzebue gewiss als Freimaurer in St. Petersburg (vermutlich in der Loge Apoll) gearbeitet hat. Aus dem Jahr 1782 ist bekannt, dass er im November an der Gründung der Loge „Hygea“ beteiligt war und dort im 6. Grad (Philosophe sublime) als Redner arbeitete. 1814 wird Kotzebue im Zusammenhang mit der Loge „Zu den drei Kronen“ in Königsberg genannt und 1816 schließlich als einer der Wiederbegründer der „3 Streithämmer“ in Reval (Tallin).[5]

Die baltischen Logen, deren einer August von Kotzebue angehörte, arbeiteten nach dem Schwedischen System. Ein Hochgradsystem. Der Braunschweiger Heinrich Lachmann beschreibt es 1866 so: „Als die Schweden in den siebziger Jahren [des 18. Jahrhunderts; d. A.] die Ver-

4 Vgl. u. a. Henning v. Wistinghausen, *Freimaurer und Aufklärung im Russischen Reich. Die Revaler Logen 1773-1820*. Böhlau, Köln Weimar Wien 2016.

5 Vgl. Henning v. Wistinghausen, a.a.O.

einigung mit dem Hund'schen System suchten, bestand das ihrige aus acht Graden, welche, wie es scheint, erst noch in der Entwicklung begriffen waren: erstens bis drittens die drei s. g. blauen oder Maurergrade, viertens die auserwählten Brüder, auch schwarze Brüder oder schottische Lehrlinge und Gesellen genannt, fünftens die schottischen Meister, sechstens der Noviz oder Chevalier d'Orient, siebtens der Tempelritter oder Chevalier d'Occident, achtens der Großofficiant, auch Purpurband-Ritter vom Süden genannt, das eigentliche Chapitre illuminé, welche das ganze leitet."[6]

Der gesellschaftliche Stellenwert der Freimaurerei war im 18. und 19. Jahrhundert ein völlig anderer als in heutigen Tagen. Vor allem war der Bruderbund im Umbruch, ein Übergang, den August von Kotzebue in seinem Einakter „Der Freimaurer" festhielt. Das Stückchen Unterhaltung brachte er im Jahr 1818 auf die Bühne.

„Die soziale Zusammensetzung der deutschen Logen war bereits in ihrer Frühzeit durch den großen Anteil des ‚gehobenen Bürgertums' bestimmt (Beamte und – oft ehemalige – Offiziere; Wissenschaftler, Lehrer, Künstler; Unternehmer, Banker, leitende Angestellte). Doch auch der Adel spielte eine beträchtliche Rolle. Aufklärerische Orientierung, Interesse an der Etablierung von Netzwerken, aber auch Kompensation für die dem Monarchen

---

6 Dr. Heinrich Lachmann, *Geschichte und Gebräuche der maurerischen Hochgrade und Hochgrad-Systeme*, Braunschweig 1866, S. 39 f.

gegenüber eingebüßten Privilegien mochten Motive für den Eintritt in die Loge sein“, schreibt Hans-Hermann Höhmann.[7]

Von dem Humanismus der Johannis-Logen nach 1945 ist das weit entfernt. Das erinnert doch mehr an einen Serviceclub denn an einen ethischen Bund. „Schon lange hatte ich einige Veranlassung zu wünschen, daß ich mit zur Gesellschaft der Freimaurer gehören möchte; dieses Verlangen ist nun auf unserer letzten Reise viel lebhafter geworden. Es hat mir nur an diesem Titel gefehlt, um mit Personen, die ich schätzen lernte, in nähere Verbindung zu treten, und dieses gesellige Gefühl ist es allein, was mich um die Aufnahme nachsuchen läßt“, wird aus Johann Wolfgang Goethes Aufnahmegesuch (Anfang 1780) an die Weimarer Loge „Anna Amalia zu den drei Rosen“ in einem Lexikonartikel zitiert.[8]

Die Loge „Amalia“ stellte allerdings kurz nach Goethes Erhebung am 24. Juni 1782 bis zu ihrer erneuten Installation am 24. Oktober 1808 die Arbeiten ein. Grund dafür war der Zusammenbruch der „Strikten Observanz“ und ihres Tempelherrensystems.[9]

Ob Kotzebue Goethes Aufnahmegesuch kannte, wissen wir nicht. Jedenfalls ist Kotzebue in seinem Einakter mit der Figur des „Grafen von Hecht“ eine amüsante

---

7 Hans-Hermann Höhmann, *Freimaurerei in Deutschland*, Leipzig 2017, S. 25

8 Vgl. https://www.freimaurer-wiki.de/index.php/Goethe_als_Freimaurer

9 ebd.

Karikatur des nach Macht strebenden, selbstverliebten und dünkelhaften und schließlich doch am sich verändernden Zeitgeist scheiternden Adels gelungen.

Personen

DER GRAF VON HECHT	
KAROLINE	*dessen Nichte*
DER BARON	
HANS	*des Grafen Bedienter*

Schauplatz:
Ein Zimmer.

Erste Szene

Karoline allein.

KAROLINE: Vergebens plag' ich ihn, er will mir nichts erzählen. –
Wie mag die Neugier uns Weiber doch so quälen!
Ein Buch von Frau La Roche und Ewalds Unterricht,
Darum kümmern wir uns in der Regel nicht.
Doch, was die Männer insgeheim vor uns bewahren,
Das möchten gar zu gern wir wissen und erfahren!
Und ist es auch vielleicht für uns von keinem Wert,
Genug schmeichelt doch, wenn man es nur erfährt.
Im Grund' ist's Eitelkeit – schau hinter die Kulissen,
Es kitzelt, wenn man weiß, was andre noch nicht wissen.
Und wer sich brüsten kann mit einer Neuigkeit,
Der wächst um einen Zoll, wird noch einmal so breit.
Wenn's auch ein Unglück wär, nur neu vor allen Dingen,
So mag man's gar zu gern dem Andern hinterbringen;
Und wenn es dem auch gleich das Herz im Leibe bricht,
Genug, man setzt hinzu: Erschrecken Sie nur nicht. –
Verdammte Maurerei! Die war mit allem Rechte,

Schon längst Skandal und Qual dem weiblichen
Geschlechte.
Dem Maurer wöchentlich ein Abend bestimmt,
An dem Er aus dem Schrank das wohl Verschloss'ne
nimmt,
Es in die Tasche steckt, mit Sorgfalt es verhehlend,
Er geht, Gott weiß wohin, er tut, man weiß nicht
was,
Indes die Frau daheim mit schwerem Herzen saß.
Fragt sie, so lächelt er mit vornehm güt'gen Blicken,
Als wäre sie ein Kind, als woll' es sich nicht schicken,
Ihr zu vertraun, was nur dem Mann zu wissen ziemt,
Und nichts erfährt sie, nichts! Auch nicht einmal
verblümt!
Beim Licht besehen ist auch wohl nicht viel dahinter,
So eine Art von Klub, ein Zeitvertreib im Winter.
Doch bleibt es ärgerlich, dass, wenn die Schönheit
fragt,
Die Stärke schweigen darf, und ihr zu trotzen wagt. –
Ich liebe den Baron, doch eh' ich's ihm gestehe,
Muss er mir beichten, wie sich's ziemt in guter Ehe;
Und tut er's nicht – was dann? – Ich breche? – Das
zwar nicht –
Der Mann ist brav und hübsch – nur Sklave seiner
Pflicht,
Doch prüfen will ich ihn – ein lockendes Vergnügen,
Der Männer Stolz und Trotz durch Schönheit zu
besiegen!
Gelingt es – ein Triumph für meine Eitelkeit;
Gelingt es nicht – ein Ruhm für seine Festigkeit.

Zweite Szene

Der Graf. Karoline.

GRAF: Mein Fräulein, Ihr ergebener Diener!
KAROLINE: Herr Onkel, guten Morgen. Warum so finster?
GRAF: Fragst du noch? Ich habe Sorgen.
KAROLINE: Der reiche Graf von Hecht?
GRAF: Reich hin, reich her, die Ruh' erkauft der Reichtum nicht, es drückt auch mich der Schuh!
Ich, der Geplagteste von allen deutschen Grafen,
Ich habe diese Nacht schon wieder nicht geschlafen.
KAROLINE: Die Maurerei, nicht wahr? Die edle Wissbegier?
GRAF: Was sonst?
KAROLINE: Auch ich bin krank davon.
GRAF: Ich platze schier! Du weißt, ich hatte kaum erlauscht, erfragt, ergründet,
Dass hier im Hinterhaus die Loge sich befindet,
So schloss ich alsobald den teuren Mietkontrakt;
Es wurd' in aller Eil' der Koffer eingepackt,
Ich zog ins Vorderhaus, erhoffend in der Nähe,
Dass ich die Heimlichkeit durch Zufalls Gunst erspähe.
Die alte Wand ist dünn, die Fenster sind nicht hoch,
Man bohrt in eine Türe auch wohl ein kleines Loch;
Man hilft sich, wie man kann; so hatt' ich es beschlossen,

Allein es ist umsonst, ich habe fehl geschlossen.
Drei Monat sind wir schon so nah dem Quell des Lichts,
Und sehn und hören und erfahren immer nichts!
Ob man mit Engeln dort Verkehr hat, ob mit Teufeln,
Davon nicht eine Spur!

KAROLINE: ’s ist wahrlich zum Verzweifeln!

GRAF: Man ist ein Mensch – man kriegt ein Fieber – zehrt sich ab –

KAROLINE: Ja wohl! Ja wohl! Es bringt uns beide noch ins Grab.

GRAF: Die Loge, wie du weißt, war gestern noch versammelt,
Doch alles ringsherum vernagelt und verrammelt.
Ich horchte wie ein Has’, ich schlich auf meinen Zeh’n,
Allein, ich habe nichts gehört und nichts geseh’n.

KAROLINE: Sie stellten, wie mich dünkt, den Hans mit auf die Lauer? Der hat vielleicht –

GRAF: Der Kerl ist nur ein dummer Bauer.

KAROLINE: So nimmt man auch vor ihm sich weniger in acht,
Wer weiß, ob nicht das Glück ihn auf die Spur gebracht.

GRAF: So ruf’ ihn her, auf dass wir den Bericht vernehmen.

KAROLINE: Ich schäme mich vor ihm –

GRAF: Ei, was ist da zu schämen?

Sitzt mir das Messer an der Kehle, sapperment!
So mach' ich mit der Scham kein langes Kompliment.

KAROLINE: *(an der Tür)* He! Hans!

Dritte Szene

Hans. Die Vorigen.

HANS: Da bin ich.
GRAF: Tat'st du, was ich dir befohlen?
HANS: Potz tausend! Freilich!
GRAF: Nun so red't, ich steh' auf Kohlen.
HANS: Ich hab's heraus.
GRAF: Du weißt, was man dahinten treibt?
HANS: Ja, ja, ich weiß, woher der Barthel Most verschreibt.
GRAF: Nun, so erzähl!
HANS: Als schon die Fledermäuse flogen,
Da kam so einer nach dem andern her gezogen.
GRAF: Wie viele?
HANS: Schwerlich hat an tausend einer gefehlt.
GRAF: Du bist nicht wohl gescheit.
KAROLINE: Die Furcht hat mitgezählt.
GRAF: Wie sahn sie aus?
HANS: Gar nicht wie andre Menschenkinder.
Mir schien, ein jeder so ein Stück vom armen Sünder.
Wenn einer auf der Trepp' erhob das rechte Bein –
GRAF: Was tat er dann?
HANS: Er zog das Linke hinterdrein.
KAROLINE: (lachend) Um deinen Scharfsinn hat noch niemand dich beneidet.

Hans: Ha! Ha! Ich bin ein Luchs.

Graf: Wie waren sie gekleidet?

Hans: Ja euer Gnaden wär's ein Christenvolk wie wir,
Ich spräch', ein Oberrock schien ihre Kleidung mir,
Auch wohl ein Mantel – doch wer mag dem Dinge trauen?
Es kann solch Herrenvolk ein Sonntagskind nur schauen.

Graf: Bemerktest du nichts Besonderes?

Hans: Jawohl!
Es klang ein jeder Tritt so grässlich dumpf, so hohl,
Dann gab es wiederum verschied'ne unter ihnen,
Die trugen in der Hand – wie nenn' ich es? – Maschinen.

Graf: Maschinen? Wenn du auch nur recht gesehen hast?

Hans: O ja.

Graf: Wie sahn sie aus?

Hans: Wie Regenschirme fast.

Karoline: Ha! Ha! Es regnete.

Hans: Was kümmert die der Regen?
Die werden ja nicht nass, wie andre Christen pflegen;
Denn jeder Tropfen, der die Hexenmeister trifft,
Zischt wie auf heißem Stein und trocknet ein zu Gift.

Graf: Du solltest an der Tür, beim Öffnen und Verschließen,
So recht ins Innerste die Falkenblicke schießen.

Hans: Das tat ich auch.

GRAF: Und sahst? –
HANS: Wie seinen Oberrock ein jeder abgelegt.
GRAF: Sonst nichts?
HANS: Und auch den Stock.
GRAF: Vorzimmer also nur? Allein die Loge? Weiter!
Empfahl ich dir nicht auch die hohe Gartenleiter,
Um bis zum Fenster aufzuklettern?
HANS: Ist geschehn;
Ich sehe scharf, doch kann ich nicht durch Bretter sehn.
Der Fensterladen, dicht erschien er hinterm Glase,
Und an die Scheiben stieß ich mit der langen Nase.
GRAF: Doch hören konntest du?
HANS: Ja freilich hört' ich.
GRAF: Was?
HANS: Sie brummten hin und her, wie unsers Kantors Bass.
Mitunter schlugen sie auch Nägel in die Wände;
Mitunter klatschten sie auch tüchtig in die Hände.
KAROLINE: Nun sind wir klug.
GRAF: Und das ist alles, was du weißt?
HANS: O nein. Ich weiß noch mehr. Sie haben auch gespeist. Ich habe selbst gesehen.
GRAF: Wie sie zur Tafel saßen?
HANS: Nein, in der Küche nur –
GRAF: Was denn?
HANS: Gebratne Hasen. Ob's wirklich Hasen? Nun, das bleibt dahingestellt,

Konnt' auch ein Braten sein tief aus der Unterwelt.
Bei Tische haben sie geklappert und gesungen.
GRAF: Die Melodie?
HANS: Wie im Theater hat's geklungen.
Und endlich – was der Koch mir zugeflüstert hat –
GRAF: Nun? Was vertraut' er dir?
HANS: Sie wären alle satt.
GRAF: Ei wirklich? Was geschah nun weiter? Nach dem Schmause?
HANS: *(mit wichtiger Miene)* Nun kommt's!
GRAF: Heraus damit!
HANS: Ein jeder ging nach Hause.
KAROLINE: Vermutlich.
HANS: Aber in dem Saal, der leer geblieben,
Hat Satan seinen Spuk die ganze Nacht getrieben.
GRAF: *(zu Karoline)* Was wissen wir denn nun?
Karoline: *(die Achseln zuckend)* Mir scheint nur eines klar!
Durch unsern Hans wird kein Geheimnis offenbar.
GRAF: Pack dich zum Teufel!
HANS: St! Ich tat, was Sie befahlen.
Den Teufel brauchen wir nicht an die Wand zu malen. *(ab)*

Vierte Szene

Der Graf. Karoline.

KAROLINE: Nein, lieber Onkel, so geht's nicht.
GRAF: Das seh' ich wohl.
KAROLINE: Wir fahren heim aufs Land und bauen unsern Kohl.
GRAF: Begraben musst du mich im nächsten halben Jahre,
Wenn ich auch hier nicht, was ein Maurer ist, erfahre.
Es geht mit mir zu Bett, steht wieder auf mit mir,
Drückt wie ein Alp und saugt das Blut wie ein Vampir!
KAROLINE: Wohlan, so gibt es nur ein Mittel noch.
GRAF: Das wäre?
KAROLINE: Sie werden Maurer selbst.
GRAF: Meinst du? Bei meiner Ehre! Ich bin fähig –
Wenn's einmal nicht anders ist – Nur aber –
KAROLINE: Was?
GRAF: Du weißt, ich bin ein guter Christ –
Und in der Loge soll man wie ein Heide fluchen.
KAROLINE: Es wird so arg nicht sein, man kann's ja doch versuchen.
GRAF: Ja, ein kleiner Fluch, den macht ein Graf wohl mit.
Du kennst das Sprichwort: Schwer ist nur der erste Schritt,

Und in Gesellschaft lässt sich's mit dem Teufel wagen.

Karoline: Doch werden Sie auch mir fein alles sagen?

Graf: Versteht sich! Wort für Wort. Am ersten Abend schon.

Karoline: Wohlan, so sprechen Sie gleich jetzt mit dem Baron.

Graf: Ein kleiner Schauer noch, ich werd' ihn überwinden.

Karoline: Er pflegt, um diese Zeit, sich bei mir einzufinden.

Graf: Der Schauer?

Karoline: Der Baron. Was gilt's, er ist nicht weit?
Ich lasse sie allein. Nutzen Sie die Zeit.
Als Maurer soll man ihn gewaltig hofieren;
Noch heute kann er Sie in eine Loge führen.
(ab)

Fünfte Szene.

Graf allein.

GRAF: Noch heute? O, wie mir das Herz im Leibe pocht!
Die edle Wissbegier in jeder Ader kocht!
Ja immerhin! Was auch mein Beichtvater dazu sage,
Ich werde Maurer noch auf meine alten Tage!
Ist mein gerunzelt Herz auch für die Liebe kalt. –
Ein Weiser spricht: Man wird zum Lernen nie zu alt. –
Allein, was sagt der Fürst, wenn ich zum Hofe reise,
Und als ein Maurer dort an seiner Tafel speise?
Wenn sich der Orient auf meiner Stirne malt;
Und ein Kometenlicht aus meinen Augen strahlt? –
„Mein lieber Graf von Hecht", wird seine Durchlaucht sagen,
„Sie helfen künftig die Regierungsbürde tragen."
Bescheiden sprech ich dann, unwürdig sei der Knecht –
Doch er – ich hör ihn schon – „Mein lieber Graf von Hecht,
Ich schätze das Verdienst, Sie sind Premierminister."
Und nun der ganze Hof – ein Murmeln – ein Geflüster –
Und alles strömt herbei, und alles gratuliert –
Und ich verneige mich ringsum, wie sich's gebührt –

Den einen lächel ich an mit gnädig stolzen Blicken –
Dem anderen weiß ich nebenbei die Hand zu drücken –
Dem dritten nick' ich zu, versprech ihm Protektion –
Und alle sind entzückt! O wär ich Maurer schon!

Sechste Szene

Der Baron. Der Graf.

BARON: Herr Graf erlauben Sie –
GRAF: O tausendmal willkommen!
Hier wurden Sie noch nie so herzlich aufgenommen.
Erwartet hab' ich Sie mit Sehnsucht, Ungeduld:
Es tobt in meiner Brust ein grimmiger Tumult,
Nur Sie, mein teurer Freund, vermögen ihn zu stillen,
Wenn Sie den heißen Wunsch, der mich beseelt, erfüllen.
BARON: Von Herzen gern, wenn das in meinen Kräften steht
GRAF: Was sollt' es nicht! Sie sind ein Weiser, ein Prophet,
Sie zählen sich zu den Geweihten hier auf Erden –
BARON: Sie spaßen.
GRAF: Kurz und gut, Freimaurer muss ich werden!
BARON: Ah! Ist es das?
GRAF: Das ist's! Nicht wahr, Sie helfen mir und bald?
Ich sterbe sonst weiß Gott aus Neugier.
BARON: Das tut mir leid. Ich muss gestehn vor allen Dingen,
Es darf in unsern Kreis nicht Neugier Sie bringen,
Dies gerade schließt Sie aus.
GRAF: Das wär der Teufel!

BARON: Ja, gemeine Neugier kommt nie dem Lichte nah.
Nur wer die Wahrheit sucht, darf an die Pforte pochen.

GRAF: Na, hören Sie, ich bin – ich habe mich versprochen
Neugierig bin ich nicht, bewahre Gott! Nein! Nein!
Nur um die Wahrheit möcht' ich auch ein Maurer sein.

BARON: Wenn das ist, werden Sie dem Bunde gern empfohlen;
Nur eine Warnung muss zuvor ich wiederholen:
Verspüren Sie die Kraft in Ihrer Brust, den Mut, auch Proben zu bestehn?

GRAF: *(etwas ängstlich)* Es kostet doch kein Blut?

BARON: Wer weiß!

GRAF: Man muss wohl gar mit Blut sich unterschreiben?

BARON: Der Feige, sag ich nur, tut wohl davon zu bleiben,
Zumal, wenn er nicht gut mit dem Gewissen steht.

GRAF: Ei, wenn es ihm nur nicht an Hals und Kragen geht!
Es hat so mancher schon das Kleinod sich erworben –

BARON: Doch niemals ungeprüft.

GRAF: 's ist keiner dran gestorben.
Ich mein, ich werd' es auch mit Ehren überstehn.

BARON: *(schalkhaft)* Auch ohne zagen in die schwarze Kammer gehen?

GRAF: Die schwarze Kammer? Hu! Das klingt, als hätt ein Rabe sein Lied gekrächzt! Wie sieht's da aus?

BARON: Schwarz wie im Grale.

GRAF: Das macht mir Gänsehaut! Allein, es mag denn sein!
Schwarz sei die Kammer – Topp! Ich gehe doch hinein.

BARON: Hart ist die Prüfung zwar, doch wenn Sie überwinden,
so werden Sie zum Lohn die treusten Brüder finden.

GRAF: Ach Gott! Von Bruderlieb' ist schon mein Herz entflammt!
Ich will doch hoffen, dass die Brüder insgesamt
Von gutem Adel sind?

BARON: Von gutem Seelenadel,
Von unbeflecktem Ruf und Sitten ohne Tadel.
Sonst aber finden Sie die Stände dort gemischt,
Um jeden Unterschied im Bruderkreis verwischt.

GRAF: Erlauben Sie, von dem Brauch mir abzuweichen;
Denn so ein Sekretär, ein Doktor und dergleichen –
Ja, es mögen wohl gute Leute sein;
Man spricht mit ihnen auch ein Wort beim Glase Wein,
Nur kann man solche Plebs doch nicht Herr Bruder nennen?

BARON: Entsagen Sie dem Bund, wenn Sie das nicht können.

Graf: Bedenken Sie doch nur! Sie sind ja selbst Baron?
Ich gar bin ein Graf!

Baron: Hier gilt nur die Person, der Titel nicht.

Graf: Mein Gott! Was wär' ich ohne Titel?

Baron: Das ist nicht meine Schuld.

Graf: O Freund! Gibt's denn kein Mittel, dem auszuweichen?

Baron: Keines.

Graf: Gefallen lass' ich mir
Die schwarze Kammer schon, ein hässliches Quartier!
Ich will auch allenfalls mich wohl dazu bequemen,
Die Menschenkinder dort in Protektion zu nehmen;
Allein die Brüderschaft mit Kreti, Pleti? Nein!
Das möchte doch ein Klecks auf meinem Wappen sein.

Baron: Nur Menschenwürde gilt auf unseres Tempels Schwelle,
Und jedes Wappen ziert die echte Maurerkelle.
Ist Ihnen das zu hoch und kränkt es Ihren Stolz,
Dann ist die Maurerei für Sie ein dünnes Holz.

Graf: Die Menschenwürde, hm! So träumt ihr Philosophen,
Allein, man lockt damit den Hund nicht aus dem Ofen.
Die Menschenwürde sitzt in meinem Wappen nicht!
Ich tu' auf alles, wo der Graf nicht gilt, Verzicht.

Baron: Sie tun recht wohl daran. Jetzt bitt' ich mir zu sagen:

Darf man das Fräulein schon, wie es geruht, befragen?

GRAF: *(verdrießlich)* O ja.

BARON: So eil ich – doch, es fällt mir eben ein:
Mit einem Blumenstrauß werd' ich willkommen sein;
Sie wünschte gestern – mir gilt das: Sie hat befohlen,
Und darum geh ich schnell, den Blumenstrauß zu holen. *(ab)*

GRAF: Ein sauberer Baron! Ein wahrer Zerberus!
Und ich – potz Element! Ich bin Graf Tantalus!

Siebente Szene

Karoline. Der Graf.

KAROLINE: Nun Onkelchen, wie weit sind Sie mit ihm gekommen?
Wohl gar schon Knall und Fall privatim aufgenommen?

GRAF: Daraus wird nichts! Ich bin kein Schwärmer, bin kein Tor!

KAROLINE: Was heißt das?

GRAF: Stell dir nur um Gotteswillen vor!

KAROLINE: Sie sind ja außer sich!

GRAF: Es macht mir schwarze Galle!
Die Maurer – nicht einmal von Adel sind sie alle!
Ich soll nicht Graf dort sein. Das hat mich so ergrimmt!
Was bin ich denn, sobald man mir den Grafen nimmt?

KAROLINE: Sie sollten doch – um das Geheimnis zu erwerben –

GRAF: Nein nimmer mehr! Ich will als Graf hochgräflich sterben.

KAROLINE: Ach, so erfahren wir denn nichts? Das ist betrübt!

GRAF: Ein Mittel gibt es noch: er ist in dich verliebt,
Er wirbt um deine Hand, doch soll es ihm gelingen,
So muss er dir zuvor das kleine Opfer bringen;

Und widersteht er auch der Liebe Ungetüm,
So machst du deinen Knicks und gibst den Laufpass ihm.

Karoline: Versuchen will ich es.

Graf: Dein eignes Glück bedenke!
Jetzt holt der Verliebte die Blumen zum Geschenke.
Doch soll dein Ehestand ein Blumengarten heißen,
So musst du ihm zuvor das Schloss vom Munde reißen. *(ab)*

Achte Szene.

Karoline allein.

KAROLINE: Ja, ja, versuchen will ich, was die Liebe kann.
Durch Schmollen zwingt man sonst so ziemlich einen Mann.
Vergebens spielt der Herr der Schöpfung Heldenrollen,
Ein kluges Weib besiegt ihn doch! – Wodurch? Durch Schmollen.
Es ist unglaublich, was die schöne Kunst vermag;
Nur Stunden hält er's aus und höchstens einen Tag;
Doch wenn es länger währt, das Nagen und das Prickeln,
So lässt er sich am End' um einen Finger wickeln. –
Halt! Triumphiere nicht zu früh, denn ach, gesetzt,
Dass er sein Maurerwort um keinen Preis verletzt,
Was mach ich dann? – Soll ich dem Onkel Folge leisten?
Entsagen? – Nein! Dabei verlör' ich selbst am meisten.
Ein Korb schlüpft aus der Hand in einem Augenblick –
Die Männer bleiben uns – die Reue bleibt zurück.

Neunte Szene.

Der Baron. Karoline.

BARON: *(mit einem Blumenstrauß)* Mein Fräulein –
KAROLINE: *(kalt)* Herr Baron?
BARON: Ich komme, Wort zu halten.
Empfangen Sie den Lenz in allerlei Gestalten.
KAROLINE: Wie kommen Sie zum Lenz? Was geht der Lenz Sie an?
Dem gleicht nichts weniger auf Erden als ein Mann.
Der Lenz schließt alles auf, die Herzen wie die Blüten.
Der Mann schließt alles zu, will stumm und kalt gebieten.
Was jede Knospe birgt, das lockt der Lenz ans Licht,
Nur eines Mannes Herz eröffnet Phöbus nicht.
BARON: So sind Sie mächtiger als Phöbus, denn Sie kennen
Die Wünsche lange schon, die mir im Herzen brennen.
KAROLINE: Nichts kenn' ich, nichts, mein Herr! Durch einen Honigmund
Sah noch kein Sterblicher bis auf des Herzens Grund.
Die Worte klingen schön, auf die ist nicht zu bauen,
Ein wahrhaft liebend Herz verrät sich durch Vertrauen.
Es wartet nicht einmal, bis die Geliebte klagt,

Es öffnet sich von selbst, es spricht, noch eh sie fragt.
Ihm ist Bedürfnis, ihr sich freundlich anzuschließen,
Denn ohne Mitteilung kann es nur halb genießen.

Baron: So grade fühl' auch ich, nur eines nehm ich aus –

Karoline: Da haben wir's! Da guckt sogleich der Mann heraus.
Dies eine grade will ich wissen, will ich kennen!
Sie mögen, wenn's beliebt, es eine Schwachheit nennen,
Erbsünde, die sich aus dem Paradiese schreibt.
Kurz, ich will wissen, was man in der Loge treibt.

Baron: Auch wenn Verschwiegenheit Gesetze von mir heischen?

Karoline: Man darf die ganze Welt, nur seine Frau nicht kränken.

Baron: Auch wenn die Ehre selbst ich gab zum Pfande dort?

Karoline: Das Wort der Lieb' ist mehr als jedes Ehrenwort.

Baron: Die Liebe fordert nicht, dass man die Pflicht verletzt.

Karoline: Warum nicht? Liebe kennt nur eigene Gesetze.

Baron: Doch des Geliebten Ruf begehrt auch Liebe rein?

Karoline: Zuerst sie selbst und dann der Ruf, so muss es sein.

Baron: Nachgeben kann ich nicht in dem verhassten Streite.

Karoline: Nun wohl mein Herr, so sind wir auch geschied'ne Leute.

Baron: Wie, brechen wollten Sie, weil ich verschwiegen bin?

Karoline: Ein jedes Mädchen hat so seinen Eigensinn.

Baron: Und wenn ich spräche: Wir versammeln uns im Stillen,
Um was wir Gutes tun, bescheiden zu verhüllen.
Um durch ein Bruderband im enger'n Kreis vereint,
Zu lernen, dass der Mensch auch sein soll, was er scheint.
Um fern von jedem Trug, Cagliostros Wunderwerken,
Uns in der Tugend nur zu üben und zu stärken;
Und wenn ich spräche: Das ist das Geheimnis ganz,
Gewähren Sie mir dann ein wenig Toleranz?

Karoline: Mitnichten! Hilfreich mag der Witz die Worte spinnen,
So leichten Kaufes soll der Herr mir nicht entrinnen.
Wär's weiter nichts als das, wozu die Heimlichkeit?
Das kann bei off'ner Tür gescheh'n zu jeder Zeit.
Muss man deshalb in Nacht und Nebel sich begraben?
Nein, nein, mich täuscht man nicht, kurz, ich will Wunder haben!

Baron: Wohlan! So muss es denn! Gebrochen sei das

Wort!
Die Macht der Liebe reißt unwiderstehlich fort!
Wenn Ihre Großmut nicht –

Karoline: Sie beichten ohne Gnade,
Und zwar vom ersten Grad bis zu dem siebenten Grade.

Baron: Im Ersten –

Karoline: Nun, was gibt es da?

Baron: Wird Gold gemacht.

Karoline: Da haben wir's! O ja! Das hab' ich längst gedacht.

Baron: Im zweiten Grade schmilzt man kleine Diamanten,
und große werden draus.

Karoline: Da haben wir's. Brillanten!

Baron: Im dritten Grade –

Karoline: Nun?

Baron: Zitiert man Geister –

Karoline: So?

Baron: Im Vierten destilliert man Liebestränke –

Karoline: O!

Baron: Im Fünften wird gelehrt, sich unsichtbar zu machen.

Karoline: Und es gelingt?

Baron: O ja.

Karoline: *(zur Seite)* Kaum halt' ich noch mein Lachen.

Baron: Im sechsten Grade wird Universalarznei gekocht und ausgeteilt –

KAROLINE: Umsonst?
BARON: Versteht sich.
KAROLINE: Ei!
BARON: Im Siebenten –
KAROLINE: Weiter.
BARON: Gibt's nur wenig Kandidaten,
Und was man da erlangt – noch darf ich's nicht verraten.
KAROLINE: O mit sechs Wundern will ich schon zufrieden sein,
Wenn Sie von einem nur mir das Rezept verleih'n.
BARON: Ich könnte Sie vielleicht durch leere Phrasen blenden,
Naturphilosophie aus vollen Backen spenden,
Allein der Wahrheit ist geweiht des Maurers Herz,
Und er verleugnet sich auch nicht einmal im Scherz.
KAROLINE: Was soll das heißen?
BARON: Gern erfüll' ich Ihr Begehren,
Die Wunder, die wir tun, auch praktisch zu erklären.
Das Gold, das wir hervorzubringen uns bemühen,
Es ist die Genügsamkeit, die mehr als Gold uns schien. –
Und weben wir ein Band für gleich geschaffene Seelen,
So sind das allerdings verschmolzene Juwelen. –
Mit Geistern – wenigsten mit einem gehen wir um,
Er ist die Weisheit aus dem grauen Altertum. –
Die Liebestränke, die wir kochen – das Bestreben,
Durch Liebenswürdigkeit die Tugend zu beleben. –

Der Tod macht unsichtbar, die Kunst lehrt allein,
Es ist die schwere Kunst, mit ihm vertraut zu sein.
Universalarznei erfanden schon die Alten:
Stets heiter sein bewahrt vor Krankheit und vor
Falten.
Das sind die Wunder, das der Zweck der Maurerei;
Der siebente Grad enthält die schönste Zauberei.
Wer bis zu diesem Licht sein Herz hinaufgeschwun-
gen,
Der ist ins Innerste des Heiligtums gedrungen,
Der hat das Köstlichste erlangt: die Zaubermacht,
Zu schaffen, dass die Welt ihm ewig blüht und lacht!
Nur kann er nicht allein zu dem Grad sich erheben,
Durch treue Liebe muss verdoppeln er sein Leben,
Denn dieses Grades Ziel wird häuslich Glück ge-
nannt,
Und ohne ein gutes Weib auf Erden nie gekannt.
Es möge noch so ernst der Maurer sich bestreben,
Den siebenten Grad kann nur ein gutes Weib ihm
geben.
O Karoline! Drum verschmäh'n Sie nicht den Mann,
Der seinen Bruderschwur nie brechen wird und
kann;
Der, wenn er durch Verrat Sie zu erlangen wüsste,
Auch seinem schönsten Glück beherzt entsagen
müsste,
Der aber, wie ihn selbst die Maurerei gelehrt,
Des Bundes ewige Treu, wie dort auch Ihnen
schwört.

O lassen Sie uns schnell den Bund der Liebe errichten!
Geheimes hat auch der in manchen süßen Pflichten;
Hat Wort und Zeichen auch, die man wohl kennen muss –
Das Wort

KAROLINE: Wie heißt es?

BARON: Ja!

KAROLINE: Das Zeichen?

BARON: Ist ein Kuss.

KAROLINE: Wie, glauben Sie im Ernst, ich könnte mich vergessen,
Durch kindischen Eigensinn Geheimnis abzupressen?
Nur prüfen wollt ich Sie und – brachen Sie Ihr Wort,
So schickte ich Sie fürwahr mit einem Korb fort.

BARON: Nun aber?

KAROLINE: Aber nun – je nun, das wird sich finden.

BARON: Nicht länger zögern Sie, mein Glück mir zu verkünden!

KAROLINE: Gemach mein Herr. Auch Lieb' ist ein Mysterium:
Im ersten Grade bleibt der Liebe Lehrling stumm;
Im zweiten darf er nur mit seinen Augen sprechen;
Im dritten darf der Mund das heilige Schweigen brechen;
Im vierten ist der Hand ein leiser Druck vergönnt,
Im fünften auf der Hand die heiße Lippe brennt;
Im sechsten Grade wird der erste Kuss erbeutet,

Der endlich zum Altar im siebenten geleitet.

Baron: In dieser Loge erklimmt man jede Stufe schnell,
Zum Meister wird gar bald der Lehrling, der Gesell,
Und konnte er nur bis zu dem vierten Grad es bringen,
So darf er allenfalls den Fünften überspringen.
(bittend) Den Kuss –

Karoline: Mein Onkel kommt! In Ordnung!

Baron: Aber wie –

Karoline: Er ist der Meister hier vom Stuhl, das wissen Sie.

Zehnte Szene

Der Graf. Die Vorigen.

GRAF: Nun Kinderchen, wie steht's?

KAROLINE: *(ihn zur Seite ziehend)* Herr Onkel, im Vertrauen:
Gelungen ist es mir, ihn endlich aufzutauen. Er hat gebeichtet.

GRAF: Hat er?

KAROLINE: Ich bin eingeweiht, vier Grade hab ich schon.

GRAF: In dieser kurzen Zeit? Ist's möglich?

KAROLINE: O fürwahr! 's hat nur an mir gelegen,
Sogleich den Sechsten zu erlangen.

GRAF: Wie verwegen!

KAROLINE: Das teilt so schnell sich mit und ist dabei so klar.

GRAF: Und schrecklich, wie?

KAROLINE: O nein.

GRAF: Gefährlich doch, nicht wahr?

KAROLINE: Nun freilich –

GRAF: O, erzähl'.

KAROLINE: Ich musste mich bequemen,
Was d'raus entstehen kann, auf Risiko zu nehmen.

GRAF: Hat er die Augen dir verbunden?

KAROLINE: Kann wohl sein.

Graf: Und hat er dich geführt ins schwarze Kämmerlein?

Karoline: Als Brautgemach erschien sie mir, die dunkle Kammer,
In dieser Loge – kurz – führt Amor nur den Hammer.

Graf: Was soll das heißen? Sprichst du nicht von Maurerei?

Karoline: Freimaurerin? Ach Gott! Ich bin ja nicht mehr frei.

Graf: Du willst doch nicht etwa in Winkellogen schleichen?

Karoline: Die Warnung kommt zu spät, schon hab' ich Wort und Zeichen.

Graf: Nun denn, heraus damit! Wenn man's doch hören muss.

Karoline: Das Losungswort ist ja. Das Zeichen ist ein Kuss. *(sie wirft sich in die Arme des Barons)*

Baron: Heil mir. *(zu dem Grafen)* O darf ich nun Sie meinen Bruder nennen?
Und werden Sie als echt die neue Loge erkennen?
Der Liebe nur ist hier der Meisterstuhl geweiht;
Vorsteher, die Vernunft und die Beständigkeit.
Der Bruder Redner ist das herzliche Vertrauen,
Und auf den Schatzmeister die Hoffnung lässt sich bauen,
Zumal, wenn Ordnung ihn belebt und unterstützt,
Die ihm als Sekretär stets gegenübersitzt.
Der Zeremonienmeister, Nachsicht mag indessen,

Dass auch der beste Mensch oft fehle, nie vergessen;
So wird die Arbeit stets echt und gerecht vollbracht.
Bis eine Stimme ruft: Es ist Hochmitternacht!

GRAF: Das klingt wohl schön, sie mag's im Herzen fein bewahren;
Doch was ein Maurer ist, werd' ich das nie erfahren?

BARON: Warum nicht? Alsbald. – Der Maurer ist ein Mann,
Den nicht die Schale reizt, wenn er den Kern gewann.
Der stets in Rang und Stand ein Flittergold nur findet,
Und in dem Menschen nur das Menschliche ergründet.
Dem Bruder reicht er gern die treue Bruderhand,
Für Wahrheit ist sein Wort ein heilig Unterpfand.
Im Wohltun findet er ein himmlisches Vergnügen,
Die Leidenschaften sucht er standhaft zu besiegen.
Was er als recht erkannt, bekennt er mutig laut,
Er fürchtet nicht den Tod, macht sich mit ihm vertraut.
Er beugt die Knie nicht, ihm gilt kein stummer Götze,
Allein, er ehrt Gott, den Fürsten, die Gesetze!
Und wenn ein holdes Weib sein liebend Herz gewann,
So ist der Maurer auch der beste Ehemann.

Karoline: *(sich an ihn schmiegend)*
Nur eine Frage noch vernehmen Sie geduldig,
(schalkhaft)
Sind alle Maurer so?
Baron: Die Antwort bleib ich schuldig.

ENDE

Die Geheimnisse

Die Herausforderung beim Lesen eines mehr als 200 Jahre alten Textes ist es, ihn aus seiner Zeit heraus zu verstehen. Der heutige Leser muss sich beständig fragen, was die Menschen – in diesem Fall die Menschen des frühen 19. Jahrhunderts – wussten beziehungsweise wissen konnten.

Nehmen wir das Beispiel des Regenschirms. Das transportable Regendach war selbstverständlich noch kein preiswerter Alltagsgegenstand für jedermann aus dem Drogeriemarkt, sondern ein Luxusartikel für die gehobenen Stände.[1] 1712 erfand Jean Marius in Paris den zusammenklappbaren Regenschirm. Der wog um die fünf Kilogramm. Es wundert daher nicht, dass der dumm-pfiffige Diener Hans den Regenschirm ehrfurchtsvoll eine Maschine nennt (Dritte Szene), denn alles Mechanische galt seinerzeit als Maschine.[2]

August von Kotzebue hat in seinem Einakter natürlich Zeitgenössisches verarbeitet, aber noch mehr Wissen über Rituale und andere maurerische Interna, die uns heute tief Luft holen lassen, weil wir sie ja doch geheim halten

---

1 https://www.deutsche-digitale-bibliothek.de/content/blog/ddbspotlight-die-geschichte-des-regenschirms-und-seiner-sozialen-konsequenzen; abgerufen am 21.08.2023

2 „MASCHINE", *Deutsches Wörterbuch von Jacob Grimm und Wilhelm Grimm*, digitalisierte Fassung im Wörterbuchnetz des Trier Center for Digital Humanities, Version 01/23, https://www.woerterbuchnetz.de/DWB?lemid=M01954, abgerufen am 21.08.2023.

wollten. Andererseits ist es in unseren Tagen schon fast ein geflügeltes Wort: Wer will, findet alles im Internet.

Es ist schwer zu entscheiden, ob August von Kotzebue als von Freimaurern geschmähter „Verräter“ einzustufen ist. Was wissen wir Heutigen denn davon, wie mit der Freimaurerei im Wechsel zum 19. Jahrhundert umgegangen worden ist? Der Umgang scheint zwangloser, gesellschaftlich anerkannter gewesen zu sein als heute. Sehen wir in Kotzebue besser keinen Verräter, sondern einen hervorragenden Satiriker, der keine Facette des gesellschaftlichen Lebens verschonte. Gut gemacht!

Sehen wir uns die Geheimnisse des Lustspiels an!

Personen

Der Graf von Hecht: nobilitiert; Briefadel; gewissermaßen Aufsteiger; Hecht könnte hier spöttisch gemeint sein: statt toller Hecht ein armseliger Wicht.
Hans, des Grafen Bedienter: der schlaue Depp[3]

Erste Szene

Frau La Roche: Marie Sophie von La Roche geb. Gutermann von Gutershofen (* 6. Dezember 1730 in Kaufbeuren; † 18. Februar 1807 in Offenbach am Main) war eine deutsche Schriftstellerin und Salonnière, die in der Zeit der Aufklärung im Stil der Empfindsamkeit schrieb. Sie gilt als erste finanziell unabhängige Berufsschriftstellerin in Deutschland. La Roche war Herausgeberin und Autorin der ersten deutschen Frauenzeitschrift „Pomona".[4]
Ewalds Unterricht: Möglicherweise: Johann Ludwig Ewald (* 16. September 1748 in Dreieichenhain in der Grafschaft Ysenburg; † 19. März 1822 in Karlsruhe) war ein deutscher reformierter Theologe, Pädagoge und Schriftsteller.[5]

---

3 *Deutsches Wörterbuch von Jacob Grimm und Wilhelm Grimm*, digitalisierte Fassung im Wörterbuchnetz des Trier Center for Digital Humanities, Version 01/23, https://www.woerterbuchnetz.de/DWB, abgerufen am 21.08.2023.

4 https://de.wikipedia.org/wiki/Sophie_von_La_Roche; abgerufen am 21.08.2023

5 Zitiert nach https://de.wikipedia.org/wiki/Johann_Ludwig_Ewald, abgerufen am 21.08.2023

Zweite Szene

Graf: Im Adelsrang eine Stufe über dem Baron.
die Loge sich befindet: Die Loge ist versteckt, den Augen der Öffentlichkeit verborgen; das Versteck unterstreicht natürlich noch das Geheimnisvolle.
Quell des Lichts: Hinweis auf den Weg des Suchenden.
Ob man mit Engeln dort Verkehr hat, ob mit Teufeln: Engel und Teufel; Himmel und Hölle; überdies ist der Teufel ein gefallener Engel und wird in der Malerei auch mit schwarzen Flügeln dargestellt.

Dritte Szene

Die dritte Szene ist beherrscht von den Beobachtungen und Deutungen des Dieners Hans. Hans steht für den überkommenen Volksglauben und die Zusammenhänge zur Freimaurerei.
Fledermäuse: Fledermäuse gelten im Aberglauben seit alters her als Hexen- oder Teufelstiere (siehe auch oben: „Ob man mit Engeln dort Verkehr hat, ob mit Teufeln …")[6]
Gar nicht wie andre Menschenkinder: Die Andersartigkeit im Aussehen bei Nacht wird betont.
Sünder: Ein Sünder ist zunächst jemand, der eine Verfehlung, im religiösen Zusammenhang Sünde, begangen hat. Eine Sünde ist ein Verstoß gegen eine göttliche oder

---

6 Vgl. *Handwörterbuch des deutschen Aberglaubens Bd. 2*, hrsgg. von Hanns Bächtold-Stäubli und Eduard Hoffmann-Krayer, Verlagsgruppe Weltbild, Augsburg 2005, Spalten 1579-1598

sittliche Norm. Ein Sünder findet im religiösen Kontext keinen Frieden.

zog das Linke hinterdrein: eine Anspielung auf das Hinken des Teufels durch einen Pferdefuß.

wär's ein Christenvolk: Freimaurer sind also keine Christen.

Sonntagskind: Sonntagskinder, so erzählte es sich der Volksmund, waren geistersichtig, das heißt, sie konnten einen dämonischen Unhold oder einen untoten Wiedergänger, der den Normalsterblichen verborgen blieb, sehen oder riechen.[7]

Maschinen: Maschine steht seit dem 18. Jahrhundert häufig als Grundwort in Bezeichnungen für technische Neuerungen.[8] Um 1800 wog ein Regenschirm etwa fünf Kilogramm; das Gestell bestand aus Holzstäben und Fischbein.[9]

wie andre Christen: Es wird nun doch nicht abgestritten, dass Freimaurer nicht auch Christen wären, aber eben andere Christen als diejenigen, die nass werden.

Denn jeder Tropfen, der die Hexenmeister trifft, / Zischt wie auf heißem Stein und trocknet ein zu Gift: Der Volksglaube bricht sich hier Bahn.[10]

---

7 Vgl. *Handwörterbuch des deutschen Aberglaubens Bd. 8*, hrsgg. von Hanns Bächtold-Stäubli und Eduard Hoffmann-Krayer, Verlagsgruppe Weltbild, Augsburg 2005, Spalten 114-120

8 https://www.dwds.de/wb/Maschine

9 https://www.regenschirme.de/geschichte.html?

10 Vgl. *Handwörterbuch des deutschen Aberglaubens Bd. 3*, hrsgg. von Hanns Bächtold-Stäubli und Eduard Hoffmann-Krayer, Verlagsgruppe Weltbild, Augsburg 2005, Spalten 1827-1919

Sie brummten hin und her, wie unsers Kantors Bass. Mitunter schlugen sie auch Nägel in die Wände; Mitunter klatschten sie auch tüchtig in die Hände: Geschildert werden hier die Geräusche und Laute, die typisch für eine Tempelarbeit sind: rituelle Worte, Gesang, Hammerschläge des Meisters und der Aufseher, das Dreimaldrei.

Sie haben auch gespeist: Ein gemeinsames Vesper oder eine Tafelloge

Gebratne Hasen: Ein Hase gilt seit dem frühen Mittelalter als Zaubertier und Erscheinungsform der Hexen. Auch der Teufel zeigt sich in Gestalt des Hasen. Sein Erscheinen bedeutet vielfach Krankheit, Tod und Feuersbrunst.[11]

Braten sein **tief aus der Unterwelt**: Gemeint ist der Teufelsbraten[12]: Das Wort geht auf die vor allem im Mittelalter verbreitete christliche Vorstellung zurück, nach der Satan Menschen mit moralisch verwerflichen Haltungen und Taten schließlich zu sich holt, um sie in der Hölle (nach damaliger volkstümlicher Vorstellung in seiner Teufelsküche) zu braten.[13]

---

11 Vgl. *Handwörterbuch des deutschen Aberglaubens Bd. 3*, hrsgg. von Hanns Bächtold-Stäubli und Eduard Hoffmann-Krayer, Verlagsgruppe Weltbild, Augsburg 2005, Spalte 1524

12 Vgl. *Deutsches Wörterbuch von Jacob Grimm und Wilhelm Grimm*, digitalisierte Fassung im Wörterbuchnetz des Trier Center for Digital Humanities, Version 01/23, https://www.woerterbuchnetz.de/DWB

13 Vgl. https://de.wikipedia.org/wiki/Satansbraten_(Schimpfwort)

Den Teufel brauchen wir nicht an die Wand zu malen: Den Teufel an die Wand malen – Unheil dadurch heraufbeschwören, indem man darüber spricht. Man ging davon aus, dass der Teufel erscheint, wenn man seinen Namen ausspricht oder ein Bild von ihm malt. Der Teufel ist also schon da (gewesen).[14]

Vierte Szene

bauen unsern Kohl: Erinnert an Voltaire[15], Schlusssatz Candide: „Sehr richtig", gab Candide zu, „aber wir müssen unsern Garten bestellen.[16] „Vielleicht klingt diese Formel allzu harmlos angesichts der Sorgen und Ängste unserer Gegenwart. Aber sie ist eine Aufforderung an jeden Einzelnen, mit der Veränderung der Welt bei sich selbst anzufangen", schreibt Hanjo Kesting dazu.[17] So gesehen klingen die Worte Karolines wie eine Mahnung an den Herrn Onkel.

wie ein Heide fluchen: es heißt fluchen wie ein Landsknecht bzw. Bierkutscher. Fluchen ist gotteslästerlich; wenn ein Heide, also ein Gottloser, ein Ungetaufter, flucht, ist es gleich doppelt gotteslästerlich.

Du kennst das Sprichwort: Schwer ist nur der erste Schritt: Der Aphorismus lautet vollständig: „Die Entfer-

---

14 Vgl. Lutz Röhrich, *Lexikon der sprichwörtlichen Redensarten, Band 3*, S. 1611, Freiburg im Breisgau 2010

15 Voltaire, Philosoph, lebte von 1694 bis 1778

16 Voltaire, *Candide oder Der Optimismus*, hier dtv/C.H.Beck, München 2016, Seite 168

17 Hanjo Kesting, *Voltaire: „Candide", Wissensreihe Große Romane der Weltliteratur*, NDR, gesendet 29.2.2016

nung ist unwichtig. Nur der erste Schritt ist schwierig." Er wird Marie de Vichy-Chamrond, Marquise du Deffand (1697–1780) zugeschrieben. In ihrem literarischen Salon verkehrten u. a. Voltaire und Montesquieu.[18]
Und in Gesellschaft lässt sich's mit dem Teufel wagen: Die Redewendung ist schwer zuzuordnen, meint aber wohl, dass man ein gewisses Risiko eingehen muss, um etwas zu erreichen.
Als Maurer soll man ihn gewaltig hofieren: Der Baron, der in diesem Einakter Freimaurer ist, steht in der Adels-Rangfolge unter dem Grafen. Als Maurer (Handwerker) ebenso. Hier wird dem Grafen zugemutet, sich zu erniedrigen, um sein Ziel zu erreichen.
Noch heute? … O wär ich Maurer schon!: Der Monolog des Grafen widerspricht den ethischen und humanitären Ansprüchen und Grundsätzen der heutigen Freimaurerei völlig. Kotzebue hat allerdings nichts zusammenfantasiert. Goethe schrieb dies in seinem Aufnahmegesuch: *„… Schon lange hatte ich einige Veranlassung zu wünschen, dass ich mit zur Gesellschaft der Freimaurer gehören möchte; dieses Verlangen ist nun auf unserer letzten Reise viel lebhafter geworden. Es hat mir nur an diesem Titel gefehlt, um mit Personen, die ich schätzen lernte, in nähere Verbindung zu treten, und dieses gesellige Gefühl ist es allein, was mich um die Aufnahme nachsuchen lässt …"*[19]

---

18 Siehe www.aphorismen.de

19 Weimar am 13. Februar 1780, zitiert nach www.freimaurer-wiki.de

Neugier: Mit diesem Stichwort beginnend wird der Graf anschließend geprüft; seine Voreingenommenheiten und Vorurteile werden bloßgestellt.

Ich will doch hoffen, dass die Brüder insgesamt von gutem Adel sind?: Kotzebue greift in dem folgenden Dialog den Standesdünkel des Adels an, der in seinem Auftreten dem Absolutismus verpflichtet ist. Die Ideale der Aufklärung, der Französischen Revolution, des Humanismus, so stellt sich heraus, sind dem Grafen unbekannt. Eine neue Generation Freimaurer wächst dagegen mit dem Baron heran.

Erlauben Sie, von dem Brauch mir abzuweichen: Der Graf windet sich bei der Vorstellung, einer Gesellschaft anzugehören, in der sich alle Angehörigen auf ein und derselben Ebene befinden. Ein Leben außerhalb seines adeligen Dunstkreises ist ihm unvorstellbar. Er ist mit seinen überkommenen Vorstellungen und Werten wirklichkeitsfremd geworden.

Nur kann man solche Plebs doch nicht Herr Bruder nennen: Abscheu ergreift den Grafen, was sich an seiner Wortwahl zeigt: *Plebs*, später auch noch *Kreti* und *Pleti* und abschließend die Verurteilung aller Nichtadligen als Makel, nämlich: *Das möchte doch ein Klecks auf meinem Wappen sein.*

Die Menschenwürde sitzt in meinem Wappen nicht! / Ich tu'auf alles, wo der Graf nicht gilt, Verzicht: Das ist die Absage an die Weiterentwicklung der Gesellschaft, überhaupt an jede Veränderung.

Siebente Szene

das Schloss vom Munde reißen: Wolfgang Amadeus Mozart (1756–1791) und Emanuel Schikander (1751–1812) – beide Freimaurer – schrieben mit der Zauberflöte, 1791 in Wien uraufgeführt, eine Freimaureroper. Tamino und Papageno wird im Laufe des Spiels der Mund jeweils mit einem Schloss versiegelt, damit sie über ihre Prüfungen, die ihnen bevorstehen, schweigen. Tamino hält durch, Papageno nicht …

Neunte Szene

Cagliostros Wunderwerke: Im 18. Jahrhundert erfand der italienische Alessandro Graf von Cagliostro (eigentlich Giuseppe Balsamo; 1743–1795) den ägyptischen Ritus. Der Okkultist, Hochstapler und Scharlatan erweckte den Eindruck, als könne er Gold machen. Er hatte pharmazeutische und alchemistische Kenntnisse und handelte mit geheimnisvollen Wundermitteln.[20]

Gebrochen sei das Wort!: Zum Schein nur geht der Baron auf seine Angebetete ein; es folgen frei erfundene maurerische Geheimnisse, die ihren Ursprung zum Teil aus dem Volksglauben beziehen.

Und zwar vom ersten Grad bis zu dem siebenten Grade: August von Kotzebue arbeitete in Riga im Schwedischen Ritus, der neun Grade sowie zwei Kapitelgrade kennt; im Folgenden aber lässt Kotzebue sieben Grade aufzählen, was einen Bezug zur Strikten Observanz na-

20 Vgl. Ian McCalman, *Der letzte Alchimist. Die Geschichte des Grafen Cagliostro*, Insel, München 2004

helegt. Die Grade 1 bis 7 sind Lehrling, Geselle, Meister, Schotte, Novize, Tempelritter, Eques professus.[21] Die Strikte Oberservanz zerbrach nach dem Wilhelmsbader Konvent 1782. Kotzebue konnte sich gewissermaßen gefahrlos sieben Grade „ausleihen".

Goldmachen und im Folgenden Schmelzen kleiner Diamanten, Destillation von Liebestränken und Universalmedizin sind Aufgaben und Arbeiten der Alchemisten seit dem 1. Jahrhundert. Benötigt wird dafür der „Stein des Weisen", der bis heute gesucht wird.

In Ordnung!: Hier macht sich Kotzebue den Spaß, die Satire gegen den Adel auf die Spitze zu treiben, indem er nur für Maurer erkennbar aus dem Ritual zitiert. Die Krönung zum Ende der Szene: *Er ist der Meister hier vom Stuhl, das wissen Sie.*

Zehnte Szene

In dieser Loge – kurz – führt Amor nur den Hammer: Kein Schelm, wer Arges dabei denkt.

Winkelloge: eine irreguläre, von einer regulären Großloge nicht anerkannte Loge.

Wort und Zeichen: Zum Scherz übernommen aus dem regulären Ritual (siehe oben); ein wesentliches, drittes Element fehlt.

O darf ich nun Sie meinen Bruder nennen?: Hier nun beschreibt Kotzebue im Folgenden seine konstruierte Analogie: Freimaurerloge – „Liebesloge" und schreibt re-

21 Zitiert nach https://www.freimaurer-wiki.de/index.php/Strikte_Observanz

gulären Logenbeamten Funktionen und Bedeutungen im Liebes- bzw. Eheleben zu.

Bis eine Stimme ruft: Es ist Hochmitternacht!: Wieder übernimmt Kotzebue einen Ritualbegriff aus der regulären Maurerei. Hochmitternacht, die rechte Zeit … Das sind die Worte des Zweiten Aufsehers und des Meisters, um die geöffnete Loge zu schließen. Der Baron kündigt damit an, sich mit seiner Braut zurückzuziehen – es ist höchste Zeit.

Mit Sicherheit kannte Kotzebue Goethes 1809 veröffentlichten Roman „Die Wahlverwandtschaften“, in dem Heinz Sichrovsky dies entdeckte: „Ein brünftiger Graf ermahnt sich mit dem Hinweis: ‚Da es Hochmitternacht und also gerechte Zeit ist‘ zum Vollzug bei seiner Konkubine. Der Baron Eduard klopft zweimal leise und einmal laut an die Tür seiner Frau, mit der er gleich einen Sohn zeugen wird, obwohl er eine ganz andere Person im Sinn hat.“[22]

---

22 Heinz Sichrovsky, *Hochmitternacht und also gerechte Zeit*, in: *Humanität*, Heft 1/2021, S. 14 ff.

Ein Nachwort

August von Kotzebue, so oft ich von ihm sprach und seinen Einakter erwähnte, stieß zumeist auf interessierte Gleichgültigkeit. Gut, das Stück ist mehr als 200 Jahre alt und der Autor mehr als 200 Jahre tot. Verständlich, dass niemand Interesse an einer solch ollen Kamelle hat.

Und doch. Mit meinem Freund Thomas Bode und der Chansonette Marie-Luise Linnemann brachte ich das Lustspiel auf – zugegeben kleine – Bühnen, wobei das Publikum zu großen Teilen aus Brüdern und Schwestern, aber auch interessierten Profanen bestand. Unser kleines Ensemble wurde stets mit Applaus bedacht, aber auch mit Fragen nach dem Wahrheitsgehalt und den Geheimnissen in dieser Geschichte.

Deshalb liegt hier nun „Der Freimaurer" vor, versehen mit einigen Erläuterungen, aber nicht mit allen, denn ein wenig Eigenarbeit sollte sich der geneigte Leser schon gönnen, um auch die kleinste Spitze im Text zu entdecken.

„Der Freimaurer" schwankt zwischen Gesellschaftskritik und Liebesschmonzette. Eine enorme Bandbreite. Der Dichter bediente damit (fast) alle Ansprüche seines Publikums, das im Übrigen mit jeder Andeutung, mit jeder Spitze etwas anfangen konnte und sich begeisterte. Das fällt uns im 21. Jahrhundert schwer, denn Aufklärung, Absolutismus, Biedermeier – das alles haben wir nicht erlebt und können das Lebensgefühl nicht ermessen, die Brisanz bestimmter Themen nicht erkennen.

Dass Kotzebue den Grafen in seinem Stück wie einen Hanswurst vorführt, hat für einen Skandal in Graz gesorgt zu einer Zeit, als in Österreich die Freimaurerei verboten war.

„Was bin ich denn, sobald man mir den Grafen nimmt?“, fragt der empörte Herr von Hecht. Damit dürfte der Graf unsterblich geworden sein, denn solche Typen sind auch nach 200 Jahren noch nicht ausgestorben. Allein die Antwort bleibt der Graf uns schuldig.

Schaue in Dich!